BEI GRIN MACHT SICH IHR WISSEN BEZAHLT

AF156611

- Wir veröffentlichen Ihre Hausarbeit,
  Bachelor- und Masterarbeit

- Ihr eigenes eBook und Buch -
  weltweit in allen wichtigen Shops

- Verdienen Sie an jedem Verkauf

Jetzt bei www.GRIN.com hochladen und kostenlos publizieren

GRIN

Qualitative und Quantitative Forschungsmethoden. Das Experiment als "Königsweg" und klassische Berufsbilder in der Psychologie

Lena Gierl

Bibliografische Information der Deutschen Nationalbibliothek:

Die Deutsche Nationalbibliothek verzeichnet diese Publikation in der
Deutschen Nationalbibliografie; detaillierte bibliografische Daten sind
im Internet über http://dnb.d-nb.de abrufbar.

ISBN: 9783346263391
Dieses Buch ist auch als E-Book erhältlich.

© GRIN Publishing GmbH
Nymphenburger Straße 86
80636 München

Druck und Bindung: Books on Demand GmbH, Norderstedt Germany
Gedruckt auf säurefreiem Papier aus verantwortungsvollen Quellen

Das vorliegende Werk wurde sorgfältig erarbeitet. Dennoch
übernehmen Autoren und Verlag für die Richtigkeit von Angaben,
Hinweisen, Links und Ratschlägen sowie eventuelle Druckfehler keine
Haftung.

Das Buch bei GRIN: https://www.grin.com/document/933568

Einsendeaufgabe

Einführung in die Psychologie

Alternative B

Modul: Einführung in die Psychologie

Studiengang: B. Sc. Psychologie

Inhaltsverzeichnis

Abkürzungsverzeichnis

Aufl.	Auflage
bspw.	beispielsweise
d.h.	das heißt
etc.	et cetera
ggf.	gegebenenfalls
Hrsg.	Herausgeber
lat.	lateinisch
S.	Seite
sog.	sogenannt
usw.	und so weiter
vgl.	Vergleiche
z.B.	zum Beispiel

Abbildungsverzeichnis

Tabellenverzeichnis

Aufgabe B1

Zu Beginn sei gesagt, dass aus Gründen der Lesbarkeit im gesamten Text die männliche Form gewählt wurde, nichtsdestoweniger beziehen sich die Angaben auf Angehörige beider Geschlechter.

Im Unterkapitel 1.1 werden verschiedene sozial- und naturwissenschaftlich geprägte Forschungsmethoden – also qualitative und quantitative Forschungsmethoden vorgestellt und erklärt. Im Anschluss wird in 1.2 erläutert in welchen Bereich sich die in 1.1 genannten Methoden in das Validitätsspektrum einordnen lassen.

"Eine Wissenschaft definiert sich nicht nur durch ihren Forschungsgegenstand [...],
sondern auch durch ihre Methoden." (Mühlfelder, 2017, S. 65)

1.1 Diese psychologischen Forschungsmethoden finden in der Psychologie Anwendung

In der Psychologie gibt es viele verschiedene **qualitative** sowie **quantitative** Methoden.

Die psychologische Forschung als solche zu definieren, stammt vom Begründer der Psychologie, Wilhelm Wundt. Dieser eröffnete 1879 das erste psychologische Labor an der Universität Leipzig. Das war gleichzeitig der Beginn der naturwissenschaftlich geprägten, methodischen Forschungsansätze, die objektivierbar (= frei von äußeren Einflüssen) sind. Durch die psychologische Forschung und damit durch Messung und Beobachtung will man aufgestellte Hypothesen und Theorien durch Widerlegungsversuche immer näher an die Wirklichkeit bringen. Wundt gilt mit seinem Ansatz der naturwissenschaftlich geprägten, psychologischen Methoden als Vorreiter der Betitelung der Psychologie als empirische Wissenschaft. Die dabei angewandten Methoden müssen **objektiv, reliabel (=verlässlich)** und **valide (=gültig)** sein, um das Ziel der Psychologie als Wissenschaft zu erreichen, gültige und sich der

Wahrheit annähernden Hypothesen zu generieren (vgl. Mühlfelder, 2017, S. 56-66). Der kritische Rationalismus, von Popper begründet, schließt eine absolute Wahrheit der Dinge aus, weshalb man sich der Wahrheit nur annähern kann. Popper sagt: „Sichere Wahrheit erkannte kein Mensch und wird keiner erkennen [...], sollte einer auch einst die vollkommenste Wahrheit verkünden, wissen könntet ihr das nicht: es ist alles durchwebt von Vermutungen." (Popper, 1984, S. 50).

Wie oben bereits erwähnt, kann man psychologische Forschungsmethoden grob einteilen in qualitative und quantitative Methoden. Dadurch wird festgelegt mit welcher Vorgehensweise in den grundlegenden Forschungsprinzipien vorgegangen werden soll. Diese beiden Methoden unterscheiden sich zwar in mancherlei Hinsichten, sie schließen sich aber nicht komplett aus. Daher ist es auch möglich beide Methodenarten zu kombinieren, wodurch man sogenannte "mixed methods" erhält (vgl. Wolf, 1995, S.318). Die Forschungsanforderung für beide Arten stellt die **Qualität** dar, worunter die Objektivität, die Validität und die Reliabilität zählen.

Qualitative Methoden sind Forschungsmethoden, die eher untypischer für die Psychologie sind und erst seit kurzem immer mehr an Popularität hinzugewinnen. Hierbei werden Daten durch Methoden wie z.B. dem explorativen Interview – die sehr tief gehen – neu gewonnen, wodurch das subjektbezogene Verständnis in den Vordergrund gerückt wird, so Lamnek (2006, zitiert nach Röbken & Wetzel, 2016, S. 12). Qualitative Methoden finden dann ihre Verwendung, wenn noch wenige oder gar keine Daten zu einer Hypothese zur Verfügung stehen. Man möchte mit diesen Erkenntnissen vor allem neue Theorien bilden und Hypothesen finden, welche anschließend anhand des verfügbaren Testmaterials untersucht werden. Dies geschieht durch bestimmte Kodierung, die Einordnung in passende Kategorien und die abschließende Auswertung vorherrschender Zusammenhänge und Auffälligkeiten (vgl. Mühlfelder, 2017, S. 65-66).

Qualitative Daten beschreiben vor allem Wesensmerkmale eines Einzelfalls, wie z. B. durch die Fallstudie. Dadurch verlässt man den Bereich des nomothetischen (griech.: "nomos" = deutsch: "Gesetz") Ansatzes, der allgemeingültige Gesetzmäßigkeiten aufzeigen möchte und geht über zum idiografischen Ansatz, der Einzelfälle beschreibt (vgl. Mühlfelder, 2017, S. 32).

Quantitative Methoden hingegen sind schon lange sehr beliebt in der Psychologie, da man mithilfe der Methodologie sowie mathematischer und statistischer Analysen genaue Berechnungen für das Ergebnis anstellen kann. Sie dienen also der Hypothesen- und Modelltestung. Hier spielen vor allem die experimentellen Methoden eine große Rolle.

Zu den **experimentellen Methoden** zählen das Quasi-Experiment, das Laborexperiment und das kontrollierte Feldexperiment. Bei der Experimentenform spielt die Methodologie mit ihren drei Variablen (abhängig, unabhängig und intervenierend) eine große Rolle. Unterschiedliche Bedingungen beeinflussen als unabhängige Variablen (UV) die abhängige Variable (AV) und bekommen zusätzlich Einwirkung von anderen intervenierenden Variablen, also Umwelteinflüssen, welche schwer kontrollierbar sind (vgl. (Swaen, 2018).

Das normale Experiment zeichnet sich im Gegensatz zum Quasi-Experiment durch seine völlig freie Zuteilung der Versuchspersonen auf Forschungs- und Kontrollgruppe aus. Bei einem Quasi-Experiment hingegen werden die Bedingungen, wie z. B. Alter oder Geschlecht, nicht ganz zufällig zugewiesen. Ein Beispiel für ein Quasi-Experiment wäre der Vergleich einer Schulklasse, die ein gewisses Programm durchläuft – mit einer anderen Klasse, die dieses Programm nicht durchläuft. Durch die in diesem Beispiel fehlende **Randomisierung,** welche eine sehr wichtige Grundvoraussetzung für die Durchführung eines Experiments ist und die Zufallsauswahl der Versuchspersonen auf Versuchs- und Kontrollgruppen meint, kann man nicht eindeutig darauf schließen, dass die unterschiedlichen Ergebnisse der beiden Gruppen auf das Programm als unabhängige Variable zurück zu führen sind. Denn andere äußere Umwelteinflüsse sowie der Zustand beider Klassen vor dem Versuch wurden nicht berücksichtigt (vgl. Wirtz, 2014, S. 1281).

Weiter kann man unterscheiden zwischen dem Labor- und dem Feldexperiment. Bei beiden Experimentformen werden die unabhängigen Variablen gezielt variiert oder manipuliert, um die unterschiedliche Auswirkung auf die abhängige Variable feststellen zu können. Das Laborexperiment findet dabei in einem Labor, also einem geschlossenen Setting ohne Störfaktoren statt. Das Feldexperiment allerdings findet unter natürlichen Bedingungen statt, wodurch Störfaktoren nicht ausgeschlossen werden können und die interne Validität darunter leiden kann (vgl. Vadillo & Matute, 2009, S. 400-406).

Eine weitere – durch die Digitalisierung sehr bekannte – quantitative Methode stellt die Computersimulation dar. Durch die aktuell immer weiter fortschreitende Technologisierung werden solche Computersimulationen vermehrt eingesetzt, um psychische Prozesse, die im menschlichen Sein ablaufen, zu simulieren. Die Ergebnisse stellt man dem menschlichen Verhalten gegenüber (vgl. „Dörner | Bauplan für eine Seele", o. J.).

Allerdings werden bei solchen Simulationen menschliche Emotionen und natürliches, intuitives Verhalten vernachlässigt, was man als negativen Punkt ansehen kann, denn der Mensch ist und bleibt ein Sinneswesen und kann nicht zu 100 Prozent von einer Maschine simuliert werden (vgl. Online, 2005).

Neben den quantitativen Methoden gibt es die **qualitativen Methoden**, zu denen z. B. die Beobachtung gehört, die sich laut Graumann folgendermaßen von Wahrnehmung abhebt: "Die absichtliche, aufmerksam-selektive Art des Wahrnehmens, die ganz bestimmte Aspekte auf Kosten der Bestimmtheit von anderen beachtet, nennen wir Beobachtung. Gegenüber dem üblichen Wahrnehmen ist das beobachtende Verhalten planvoller, selektiver, von einer Suchhaltung bestimmt und von vornherein auf die Möglichkeit der Auswertung des Beobachteten im Sinne der übergreifenden Absicht gerichtet." (Graumann, 1966, S.86)

Natürlich kann man auch hier wieder weiter in die Tiefe differenzieren. Beispielsweise kann der geschulte Beobachter entweder Teil des Versuchs sein oder das Geschehen von außen beobachten. Grundsätzlich kann man der Beobachtung zuschreiben, dass sie eine methodisch kontrollierte und zielgerichtete Wahrnehmung von gewissen Prozessen, Personen oder Ereignissen ist, wobei das Ergebnis einer teilnehmenden Beobachtung natürlich leichter verfälscht werden kann, als bei anderen Beobachtungsarten. Denn Teilnehmer können sich unbewusst an den teilnehmenden Beobachter anpassen. Zu den qualitativen Methoden zählt sie aus dem Grund, weil man mit ihr in den Erfahrungswissenschaften an neue Daten gelangt. Durch die Möglichkeit Beobachtungen mit Tongeräten oder Videokameras aufzuzeichnen, hat man die Möglichkeit sich diese wiederholt anzusehen und mithilfe weiterer technischer Hilfsmittel – wie z. B. Zeitlupenraffer oder gewisse Filtereinstellungen – weiter aufzubereiten. Bei der Beobachtung gilt es zu beachten, dass man nicht gegen ethische Grundsätze verstößt, was bspw. durch Nichtwissen des beobachteten Individuums der Fall wäre (vgl. Huber, 2014, S. 259).

Zudem verwendet die Psychologie die qualitative Feldstudie. Dieser ist ein Oberbegriff für Untersuchungen im psychologischen und soziologischen Bereich, die unter echten Lebensbedingungen stattfindet. Darunter versteht man dann eine sehr exakte Beobachtung der Verhaltensweisen und gewissen Artefakten der Versuchspersonen von dafür geschulten Versuchsleitern. Dies geschieht in einem gezielt ausgewählten Setting während einer bestimmten Tätigkeit. Als Beispiel kann man hier eine Gemeinde oder einen Verein anführen, in dem bestimmte soziale Vorgänge der Mitglieder untereinander beobachtet werden, woraus man Kausalzusammenhänge ergründen möchte. Der größte Unterschied zur Beobachtung ist, dass ein Geschehen im Feld nicht vom Versuchsleiter selbst herbeigeführt wird, sondern schon so vorgefunden wird, was die Genauigkeit einschränkt. Im Gegensatz dazu haben Versuchsleiter in der Beobachtung die Möglichkeit die Situation nach ihrem Belieben zu verändern (vgl. Bergius, 2014, S. 548).

1.2 Einordnung der Methoden in das Validitätsspektrum

Tabelle 1 : Übersicht über verschiedene psychologische Forschungsmethoden (Quelle: Mühlfelder, 2017, S.35)

Die **Valididät** ist die Gültigkeit, die eine Messung aufweist. Ein Punkt, dessen man sich von vorne herein bewusst sein muss: Validität ist nicht mathematisch bestimmbar, sondern nur einschätzbar und fußt daher auf Meinungen verschiedener Forscher sowie nicht zuletzt auch auf den Alltagsverstand. Man unterscheidet dabei zwischen interner (="Ceteris-Peribus-Validität") und externer Validität. Die **interne Validität** drückt aus, wie genau eine Messmethode innerhalb eines Forschungsdesigns, das misst, was gemessen werden soll und glaubwürdige Erkenntnisse liefert (vgl. Mühlfelder, 2017, S. 35).

Die **externe Validität** hingegen sagt etwas darüber aus, inwiefern man die entstandenen Messergebnisse generalisieren, also auf ähnliche Situationen – aber außerhalb des Forschungsdesigns – übertragen kann. Es geht also darum, ob unterschiedliche Effekte bei unterschiedlichen Behandlungsgruppen auftreten. Das nennt man Effektmodifikation. Aufgrund dieser Situationsabhängigkeit wird die Art der Validität als sog. Situationskriterium und nicht als Studienkriterium bezeichnet (vgl. Windeler, 2008).

Das Quasi-Experiment, die qualitative Feldstudie und die systematische Verhaltensbeobachtung besitzen zwar eine hohe externe Validität, aber dafür eine geringe interne Validität. Dies lässt sich darauf zurückführen, dass alle drei Arten zwar gut von einer Situation auf eine ähnliche Situation übertragen kann und dabei mit ähnlichen Ergebnissen rechnen kann, die Genauigkeit des Ergebnisses eines Quasi-Experiments ist jedoch sehr variabel. Veränderungen der abhängigen Variable lassen sich nicht eindeutig auf Variationen der unabhängigen Variablen zurückführen, was das Quasi-Experiment intern nicht sehr valide macht und daher auch nicht kausal interpretierbar (vgl. Rey, 2012).

Die teilnehmende Beobachtung ist aufgrund der oben genannten Tatsache, dass der Versuchsleiter womöglich einen großen Einfluss auf die beteiligten Versuchspersonen nimmt und die beobachtete Gruppe in ihrer Zusammensetzung sehr eigen ist, intern sowie extern nicht sehr valide.

Die Computersimulation und das Laborexperiment sind zwar durch ihre jeweilige Spezialisierung auf den Einzelfall intern sehr valide, können jedoch schlecht verallgemeinert werden, was beide Methoden zu einer geringen externen Validität führt.

Als letztes gibt es noch das kontrollierte Feldexperiment, welches extern sowie intern sehr valide ist und deshalb auch zu der Königsweg-Gruppe der Experimente gehört, womit es im nächsten Punkt weitergehen wird.

Aufgabe B2

In 2.1 wird erklärt, warum das Experiment in der naturwissenschaftlich geprägten Psychologie als **Königsweg** gilt – mitsamt seinen Vor- und Nachteilen. Anschließend wird dieser Weg in 2.2 von den sozialwissenschaftlich geprägten Forschungsmethoden abgegrenzt und mit ihnen verglichen.

2.1 Das Experiment als Königsweg in der naturwissenschaftlich geprägten Psychologie

Laut Siebel, Aronson & Carlsmith, Miller und etlichen weiteren Wissenschaftlern aus der Psychologie ist das Experiment [lat. *experimentum* Versuch, Probe, Erfahrungsbeweis] der Königsweg (vgl. Westermann, 2014, S. 511). Es ist die einzige Methode ist, die es ermöglicht **Kausalhypothesen** gewissenhaft zu überprüfen. Das wohl wichtigste Merkmal eines Experimentes ist seit Wilhelm Wundt die Willkürlichkeit, was bedeutet, dass eine Planmäßigkeit sowie eine Absichtlichkeit vorliegen. Dieses lässt sich in drei weitere Merkmale spalten: die vorab theoretische Konzeption der Durchführung, die Ausschaltung der Einwirkung von Störfaktoren durch den Versuchsleiter sowie die systematische Variation von mindestens einer unabhängigen Variable, um daraus die Resultate auf die abhängige Variable beobachten und erklären zu können. Im Experiment spielt das Methodologie-

Schema (wie auf Seite 6 beschrieben) die entscheidende Rolle. Denn Ziel des Experiments soll es sein, Beziehungen zwischen zwei Variablen ermitteln und erklären zu können. Somit kann man das Experiment beschreiben als eine Überprüfung von Vorhersagen, die aus wissenschaftlich aufgestellten Hypothesen und Theorien abgeleitet wurden. Während des Vorgangs wird die Variable, die die vermutete verursachende Bedingung darstellt, variiert, die anderen Bedingungen kontrolliert und die Wirkungen ganz genau gemessen. Eine sehr wichtige Voraussetzung für die Gültigkeit des Experiments ist die Randomisierung, d.h. Versuchspersonen werden komplett zufällig auf Versuchs- und Kontrollgruppen verteilt.

Es sei gesagt, dass die Interpretation einer gewissen Zusammengehörigkeit zwischen Variablen nicht nur im Experiment, sondern auch durch andere Methoden möglich ist. Das Experiment versucht jedoch im Gegensatz zu anderen Forschungsmethoden durch seine ganz bestimmten Charakteristika, also seinen Bedingungen, die Relation zwischen zwei Variablen ganz eindeutig aufzuklären. Das macht den Grad der Genauigkeit beim Experiment am größten, weshalb es auch als Königsweg bezeichnet wird. Es spielt dabei keine Rolle, ob es ein Feldexperiment oder ein Laborexperiment ist. Der einzige Unterschied der beiden ist, dass für das Laborexperiment erst noch ein künstliches Setting geschaffen werden muss. Ein Beispiel für ein Feldexperiment wäre bspw. die Pygmalion-Studie von Rosenthal & Jacobson (1968) (vgl. Bredenkamp, 1980, S. 1-3). Die Vorteile von Experimenten sind enorm. Vor allem die Tatsache, dass durch den Versuchsaufbau eine beliebig häufige Wiederholung (=Replizierbarkeit) möglich ist, macht die Ergebnisse von Mal zu Mal genauer. Außerdem können die Versuchsbedingungen eines Experiments genau beschrieben werden. Das ermöglicht dem Experimentator und allen folgenden Forschern eine genaue Interpretation und bietet eine gute Grundlage, auf die man weitere Experimente aufbauen kann, um so der Wahrheit gezielt und kontrolliert immer näher zu kommen. Da es schier unmöglich ist alle einzelnen Bedingungen zu beschreiben, konzentriert man sich nur auf die Ausschlaggebenden. Durch die genaue Niederschrift ist dann jederzeit eine Kontrolle möglich. Bezüglich der Gültigkeit kann man sagen, dass das Experiment vor allem intern sehr valide ist, wodurch die Ursache-Wirkungs-Beziehungen mit einer sehr guten Präzision überprüft werden kann und vor allem Ursache und Wirkung klar voneinander unterscheidbar sind. Der Experimentator hat in diesem Experiment keinen ausschlaggebenden Einfluss, was es sehr objektiv macht (vgl. „Methodenlehre_Experiment", 2002). Das Experiment ist also insgesamt

- valide (=gültig, weil die Methode misst was gemessen werden soll)
- reliabel (= zuverlässige Ergebnisse bei beliebig häufiger Wiederholung) und
- objektiv (=vom Experimentator unabhängig)

Doch vor allem dem Laborexperiment wird nachgesagt, dass es zu **künstlich** sei und die Ergebnisse nicht auf die reale Welt übertragbar wären. Die vom Experimentator kontrollierte Umgebung kann die Versuchspersonen verunsichern und deren Verhalten, dass sie unbeobachtet zeigen würden, verändern. Angenommen man beobachtet das Flirtverhalten von Personen in einem künstlich hergestellten Setting ist dies möglicherweise nicht mit den Verhaltensweisen der Personen in Wirklichkeit zu vergleichen. Dies führt zu der eingeschränkten externen Validität. Ein zusätzlicher Nachteil einer Laborstudie ist der Aufwand, der dafür betrieben werden muss, sowie die Kosten, die dabei entstehen (vgl. Döring & Bortz, 2016, S. 206). Aufgrund eines auf die Frage der Künstlichkeit ausgelegten Experiments von Jürgen Bredenkamp kam dieser jedoch zu folgendem Schluss:

"Das Argument der Künstlichkeit eines Experiments ist verfehlt, weil erst die Kontrolle, die die Künstlichkeit bedingt, strenge Tests einer Hypothese ermöglicht und fälschliche Bestätigungen oder Falsifikationen erschwert; das "Überleben" dieser Tests rechtfertigt die Anwendung der Theorie zur Lösung praktischer Probleme auch in solchen Situationen, in denen eine Kontrolle nicht oder kaum noch möglich ist."

(Bredenkamp, 1980, S.7)

2.2 Das Experiment im Vergleich mit anderen sozialwissenschaftlichen Methoden

Die für ein Experiment benötigten Bedingungen können bei vielen psychologischen und sozialwissenschaftlichen Fragestellungen aus prinzipiellen, ökonomischen und ethischen Gründen nicht umgesetzt werden. In solchen Fällen greift man auf die **Korrelationsforschung** zurück. Korrelationsforschung ist definiert als die Forschung zur Messung der Assoziation zwischen Variablen, die vom Forscher nicht manipuliert werden und kann basieren auf Beobachtung, Befragung oder Sekundärdaten (vgl. „Korrelationsforschung und korrelative Designs | Forschungsmethoden | Repetico", o. J.). Da das wichtigste Merkmal des Experiments die **Willkürlichkeit** ist, hat man bspw. ein Problem bei Untersuchungen zu psychischem Wohlbefinden, denn die emotionale Labilität kann nicht vom Experimentator hergestellt werden. Diese Eigenschaften liegen schon vor und werden aufgrund des allgemeinen Auftretens Organismusvariablen genannt. Diese Organismusvariablen können vom Experimentator nicht gesteuert, also variiert werden. Allerdings kann man sie selegieren, d.h. man berücksichtigt eine Organismusvariable in einem mehrfaktoriellen Design. Bei manchen Fragestellungen ist das experimentelle Forschungsdesign wiederum aus ökonomischen oder ethischen Gründen nicht möglich. Betreibt man hingegen eine Korrelationsforschung hat man den Vorteil, dass man Zusammenhänge zwischen mehr als nur zwei Variablen untersuchen kann. In einem Experiment werden dagegen in der Regel nur wenige unabhängige und abhängige Variable berücksichtigt.

In der sozialwissenschaftlichen Forschung, wie z.B. der Psychologie oder Soziologie wird aus den genannten Gründen öfter auf Korrelationsforschungen, wie bspw. eine systematische Feldbeobachtung, als auf das Experiment zurückgegriffen. Diese macht es sich zur Aufgabe Zusammenhänge zwischen bereits existierenden Merkmalsvariationen von Gruppen oder Individuen herauszufinden. Das Experiment hingegen will bestimmte Wirkungen selbst herstellen (vgl. Renner, Heydasch, & Ströhlein, 2012, S. 88-89).

Doch der Nachteil, warum die sozialwissenschaftlichen Methoden im Gegensatz zum Experiment nicht als Königsweg gelten, ist, dass man korrelative Zusammenhänge nicht kausal interpretieren darf. Man darf also keine Ursache-Wirkungs-Beziehung aufstellen. Man kann nur durch Designs, wie z.b. die Längsschnittstudie, versuchen, die Anzahl kausaler Interpretationsmöglichkeiten einzuschränken bzw. zu falsifizieren. Korrelative Zusammenhänge sind zudem nicht deterministisch, wie viele funktionale Zusammenhänge, die in den Naturwissenschaften ermittelt wurden, sondern lediglich stochastisch (zufallsabhängig) und treten daher nur mit einer gewissen Wahrscheinlichkeit auf. Im Experiment jedoch hat man wie oben genannt einen extrem hohen Grad an Genauigkeit (vgl. „Untersuchungsdesigns in der Psychologie", o. J., S. 189 –190).

Aufgabe B3

In dieser Aufgabe werden drei verschiedene **Tätigkeiten** beschrieben und erläutert, die man nach einem Psychologiestudium anstreben kann. Dabei wird zudem auf die Aufgabe der **psychologischen Grundlagen- und Anwendungsfächer** in dem jeweiligen Berufssektor eingegangen. Die Berufe sind die Tätigkeit als Trainer/Coach in 3.1, die Tätigkeit als psychologischer Psychotherapeut in 3.2 und zu guter Letzt die Tätigkeit als wirtschaftspsychologischer Berater.

3.1 Tätigkeit als Trainer/Coach

Das Coaching ist ein **Beratungsverfahren**, das aus zwei Teilen besteht – dem Ratsuchenden und dem Ratgebenden. Da das Coaching prozessorientiert ist, kann man es nicht zur Beratung hinzuzählen. Denn ein Berater hat eine tiefe Expertise in einem bestimmten Fachgebiet, wohingegen die Arbeit zwischen Coach und Coachee auf dem gesamten Prozess deren Beziehung basiert und in verschiedene Fachbereiche gehen kann. Des Weiteren ist das Coaching ein lösungsorientiertes sowie personenzentriertes Vorgehen, in dem der Coach mit dem Ratsuchenden an bestimmten sozialen Situationen arbeitet. Im Coaching finden die Klienten die Lösung für ihre Probleme selbst. Der Coach als Außenstehender hilft dem Coachee hierbei lediglich und weist ihn auf seine blinden Flecken oder tief versteckte Problemzusammenhänge in Bezug auf den zu coachenden Bereich hin (vgl. Fahr 2017, S. 3-7).

Als Coach muss man besonders die Grundlagenforschung, also alle Grundlagenfächer der Psychologie, beherrschen. Dazu gehört die allgemeine Psychologie, die Biopsychologie, die Differentielle- bzw. Persönlichkeitspsychologie, die Entwicklungspsychologie und die Sozialpsychologie. Damit kann der Coach das Verhalten von Individuen beobachten und anschließend beschreiben. Als nächstes kann er das festgestellte Verhalten mithilfe innerer und äußerer Faktoren erklären bevor er Vorhersagen über das Auftreten eines Verhaltens tätigen kann oder einen bestimmten Zusammenhang nachweisen kann. Zu guter Letzt nimmt er Einfluss auf das Geschehen und verbessert damit die Lebensqualität seines Coachees (vgl. Gerrig, 2015, S. 2-7). Um anerkannter Coach zu werden sollte man sich bei den Anwendungsfächern entweder auf die Arbeits- und Organisationspsychologie oder die Wirtschaftspsychologie fokussieren, denn damit steigt die Glaubwürdigkeit des Wissens und der Befähigung zum Coach-Sein, was in einem Markt, der immer stärker wächst und für einen Beruf, der keine geschützte Bezeichnung besitzt, von großer Wichtigkeit ist (vgl. Greif, 2008, S. 161).

Die Tätigkeit des Coaches ist eine Mischform aus an der Psychologie orientierten Skalen sowie an den Wirtschaftswissenschaften orientierten Skalen. Aus der Integration aller ausschlaggebenden Perspektiven, die zueinander in Beziehung gesetzt werden, erschließt sich ein Qualitätsindex (siehe Abbildung 1), der ein Gesamturteil zur Qualität im Coaching darstellt.

Qualitäts-Index

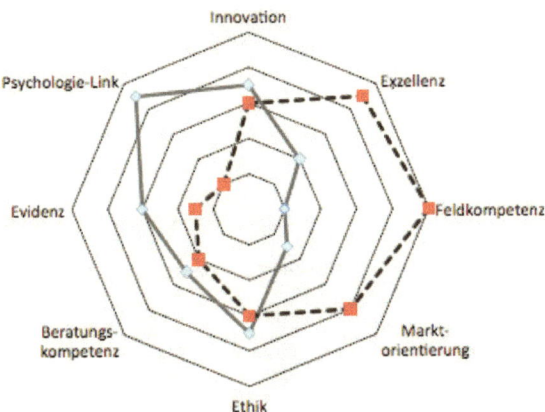

Abbildung 1: Qualitätsindex des Coachings (Quelle: Wegener, Fritz & Loebbert, 2013, S. 356)

Auf der linken Seite stehen die Skalen, die mit der Psychologie zu tun haben. Auf der rechten Seite stehen die auf die Wirtschafts- wissenschaften bezogenen Skalen und die Mittellinie bilden allgemeine Qualitätskriterien, die man niemals außer Acht lassen darf.

Beim Coaching ist die darauf bezogene Ethik von großer Bedeutung. Der Schutz des Individuums, Neutralität, Vertraulichkeit und das Wohlwollen müssen stets gewährleistet sein. Allgemein gilt der Grundsatz: "Do no harm!", was bedeutet, dass man keinen Schaden anrichten darf und daher eine Analyse von möglichen Interessenskonflikten mehrerer Parteien fordert. Durch das enorme Wachstum der Coaching Branche wird man in Zukunft eine "ethical coaching community" brauchen, die solche ethischen Grundsätze gemeinsam erarbeitet. Des Weiteren darf man neben Unternehmensinteressen etc. die Verantwortung gegenüber der Gesellschaft, die man durch das Coaching erlangt, nicht unterschätzen. Dafür soll es flächendeckend einen sogenannten "social contract" geben, der bisher jedoch nur von der "Canadian Psychological Association" aufgegriffen wurde. Außerdem ist es wichtig, die praktischen Tätigkeiten zukünftig auf wissenschaftliche Argumente zu fußen, um die echte Fachlichkeit nicht zu vernachlässigen (vgl. Wegener, Fritze & Loebbert, 2013, S. 380 – 383).

3.2 Tätigkeit als psychologischer Psychotherapeut

Psychologische Psychotherapeuten üben einen **Heilberuf** aus. Dafür haben sie eine spezielle Ausbildung mithilfe welcher es ihnen erlaubt ist, Patienten mit psychologischen Erkrankungen zu diagnostizieren, zu beraten und letztendlich zu behandeln. Aus diesem Grund sind für einen Psychotherapeuten auch alle Grundlagenfächer der Psychologie von großer Bedeutung, denn um Patienten heilen zu können, muss er:

- allgemeine Gesetzmäßigkeiten der Psychologie kennen (= allgemeine Psychologie)
- die physischen Funktionsbereiche verstehen, die sich auf menschliche Verhaltensweisen und menschliches Erleben auswirken (= Biopsychologie)
- die für den Menschen individuellen Merkmale herausfinden und dessen psychische Erkrankungen diagnostizieren können (= Differentielle- und Persönlichkeitspsychologie)
- die Entwicklung eines Individuums verstehen, um die Entstehung einer psychischen Erkrankung ungefähr einordnen zu können (= Entwicklungspsychologie)
- die Auswirkungen anderer Menschen auf das Verhalten und Erleben des Patienten verstehen (= Sozialpsychologie).

Als Anwendungsfächer, welche die Teildisziplinen für die psychologische Praxis umfassen, spielt die klinische Psychologie die größte Rolle, denn sie beschäftigt sich zum einen mit der Entstehung und dem Verlauf psychischer Störungen und zum anderen mit deren Diagnose, der anschließenden Therapie und abschließend der Rehabilitation (vgl. Rubenbauer, 2013).

In Deutschland gilt man bislang nur als psychologischer Psychotherapeut, wenn man ein Diplom- oder Masterstudium in Psychologie mit dem Schwerpunkt "klinische Psychologie" erfolgreich abgeschlossen hat und danach eine mindestens dreijährige Ausbildung zum Psychotherapeuten absolviert (vgl. Osterloh, 2013). Jedoch sei an dieser Stelle angemerkt, dass die Ausbildung zum psychologischen Psychotherapeuten gerade eine Reform durchlebt und ab Herbst 2020 anders gehandhabt werden wird. Denn ab dann kann man sich von Anfang an für ein reines Psychotherapiestudium entscheiden und darf sich nach fünf erfolgreich abgeschlossenen Studienjahren (Bachelor und Master) Psychotherapeut nennen (vgl. (BPtK, o. J.).

Ein Psychotherapeut arbeitet vor allem in den Bereichen Rehabilitation, und in der kurativen (= auf Heilung ausgerichtete) sowie der palliativen (= Symptom lindernde) Versorgung. Zu seinen Kompetenzen sollte ein breit gefächertes Feld gehören.

Neben der all der Tätigkeiten, die zur Behandlung von psychisch kranken Menschen gehören, braucht er dazu auch weitgreifende Kenntnisse über psychische Erkrankungen und muss dazu biopsychosoziale Störungsaspekte mit einbeziehen und verstehen können. Außerdem arbeitet ein Psychotherapeut in verschiedenen Settings, in welchen er sich zurechtfinden sollte und damit umgehen können muss.

Ein Psychotherapeut sollte sich dessen bewusst sein, dass er eine große Verantwortung für die Entwicklung vieler Menschen trägt und dadurch deren Autonomie, Selbstbestimmung und einiges mehr mitentwickelt. Auch außerhalb des Settings kann seine psychotherapeutische Expertise für politische, öffentliche und betriebliche Zusammenhänge gebraucht werden.

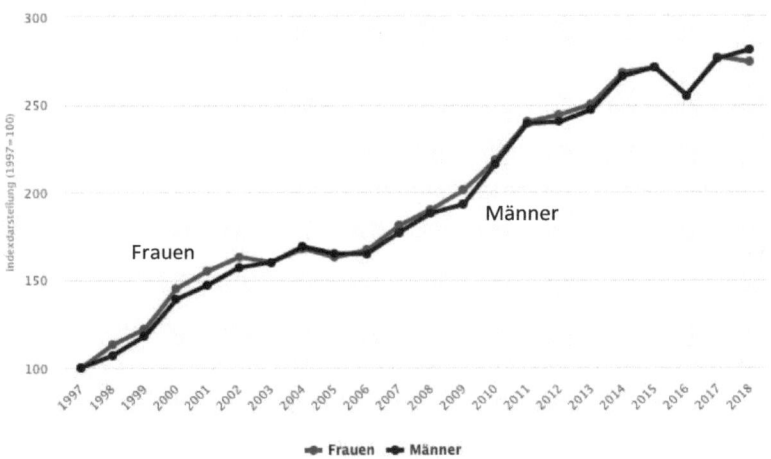

Tabelle 2: Arbeitsunfähigkeitsfälle aufgrund psychischer Erkrankungen in Deutschland nach Geschlecht in den Jahren 1997 bis 2018 (Quelle: Zugriff am 30. Mai 2020, von https://de.statista.com/statistik/datenstudie/256962/ umfrage/au-faelle-aufgrund-psychischer-erkrankungen-in-deutschland-nach-geschlecht/)

Die Berufsaussichten für Psycho-therapeuten sind sehr gut, da die Anzahl der Menschen, die mit psychologischen Erkrankungen zu kämpfen haben und dadurch sogar berufsunfähig werden stetig ansteigt (siehe Tabelle 2).

Als Psychotherapeut kann man sich neben einer normalen Anstellung jedoch auch selbstständig machen oder als Beamter tätig sein (vgl. (Berufsverband Deutscher Psychologinnen und Psychologen (BDP) e.V., 2018, S. 22).

3.3 Tätigkeit als wirtschaftspsychologischer Berater

Die Tätigkeit als wirtschaftspsychologischer Berater umfasst ein **breites Spektrum** an psychologischen sowie wirtschaftlichen Themen. Zudem sollte ein wirtschaftspsychologischer Berater Führungskompetenzen besitzen, um sein Können in Beratungs- und Entwicklungsbereichen einzusetzen. Dabei muss er Betroffenen bei Change-Prozessen im Unternehmen beratend und unterstützend zur Verfügung stehen. Dazu gehören bspw. der demografische Wandel, die Technologisierung, das Talentmanagement und viele weitere Themen. Genauso gut kann er aber auch im Marketing- oder Finanzbereich mit eingesetzt werden.

Wenn man eine Tätigkeit als Wirtschaftspsychologe anstrebt, sollte man im Psychologiestudium das Hauptaugenmerk auf die Grundlagenfächer Sozialpsychologie, Allgemeine Psychologie, Differenzielle- und Persönlichkeitspsychologie sowie auf eine vorbildliche Methoden- und Diagnostikausbildung legen. Als darauf aufbauende Anwendungsfächer eignen sich vor allem Arbeits- und Organisationspsychologie oder Markt- und Konsumentenpsychologie (vgl. Mendius, Olos, Stephan, Stephany & Werther, 2019, S. 79).

Im Personalbereich erstellt ein wirtschaftspsychologischer Berater Anforderungs- und Bedarfsanalysen, gibt Mitarbeiterfeedback, führt Mitarbeiterbefragungen durch und kümmert sich um Führungskräfteentwicklung, Mentoring usw. Auch zur Karriere- und Laufbahnberatung ist er befähigt.

Ein Bereich, um den sich wirtschaftspsychologische Berater zudem kümmern, ist die Wirkung der Arbeit. Vor allem durch die aktuelle Corona-Krise mussten bspw. viele Firmen deren Bürotätigkeit auf das Homeoffice umlegen und die Aufgaben in virtuellen Teams meistern. Für solche neue Arbeitsformen entwickeln Wirtschaftspsychologen Lösungen, um gute Arbeitsbedingungen und eine gesunde Work-Life-Balance zu garantieren.

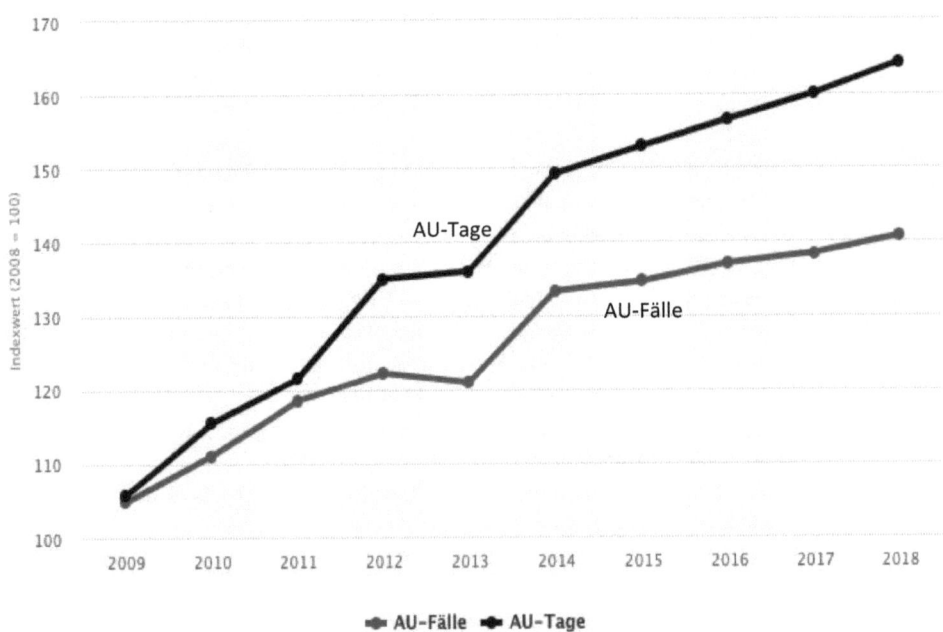

Tabelle 3: Entwicklung von Arbeitsunfähigkeitsfällen und -tagen aufgrund psychischer Erkrankungen in Deutschland in den Jahren 2009 bis 2018 (Quelle. Zugriff am 30. Mai 2020, von https://de.statista.com/ statistik/daten/studie/246810/umfrage/arbeitsunfaehigkeit-aufgrund-psychischer-erkrankungen/)

Ein weiteres Kernthema bezüglich der Aufgabengebiete ist das betriebliche Gesundheits-management. Dieser Bereich wächst aufgrund der in 3.2 genannten Tatsache, dass psychische Erkrankungen stetig zunehmen, auch immer mehr. Zum betrieblichen Gesundheitsmanagement gehört vor allem die Gefährdungsbeurteilung psychischer Belastungen der Mitarbeiter des Unternehmens. Aufgrund dieser Daten können die Bedingungen dann vom wirtschaftspsychologischen Berater angepasst und somit die Gefährdung vermindert werden, um damit der Arbeitsunfähigkeit entgegenzuwirken (siehe Tabelle 3) (vgl. Berufsverband Deutscher Psychologinnen und Psychologen (BDP) e.V., 2018, S. 35 - 36).

Literatur- und Quellenverzeichnis

Printquellen

- Bergius , R. (2014). Feldstudie, Feldforschung. In M. A. Wirtz (Hrsg.), Dorsch – Lexikon der Psychologie (18. Aufl.). Bern: Verlag Hogrefe Verlag.
- Bredenkamp, J. (1980). *Theorie und Planung Psychologischer Experimente.* Heidelberg, Deutschland: Steinkopff. https://doi.org/10.1007/978-3-642-85315-9
- Döring N., Bortz J. (2016). Untersuchungsdesign. In: Forschungsmethoden und Evaluation in den Sozial- und Humanwissenschaften. Springer-Lehrbuch. Springer. Berlin, Heidelberg.
- Fahr, U. (2017). *Coaching an der Hochschule.* New York, Vereinigte Staaten: Springer Publishing. https://doi.org/10.1007/978-3-658-16847-6_5
- Gerrig, R. J. (2015). Psychologie. 20. Auflage. Hallbergmoos
- Graumann, C. (1966). Grundzüge der Verhaltensbeobachtung. In E. Meyer (Hrsg.). Fernsehen in der Lehrerbildung. München: Manz.
- Greif, S. (2008). *Coaching und ergebnisorientierte Selbstreflexion.* Göttingen, Deutschland: Hogrefe Verlag.
- Huber, O. (2014). Beobachtung. In M. A. Wirtz (Hrsg.), Dorsch – Lexikon der Psychologie (18. Aufl.). Bern: Verlag Hogrefe Verlag.
- Mendius M., Olos L., Stephan B., Stephany U., Werther S. (2019). Berufsfelder für Wirtschaftspsychologen. In: Mendius M., Werther S. (eds) Faszination Psychologie – Berufsfelder und Karrierewege. Springer, Berlin, Heidelberg
- Mühlfelder, M. (2017). Einführung in die Psychologie. 1. Auflage. Studienbrief der SRH Fernhochschule, Riedlingen
- Popper, K. R. (2004). Alles Leben ist Problemlösen Über Erkenntnis, Geschichte und Politik, München
- Quelle: Wegener, R., Fritze, A., & Loebbert, M. (2013). Coaching-Praxisfelder. Forschung und Praxis im Dialog. Online-Teil. Wiesbaden: Springer VS. www.springer.com
- Renner, K. H., Heydasch, T., & Ströhlein, G. (2012). *Forschungsmethoden der Psychologie.* Weinheim, Deutschland: Beltz Verlag.
- Röbken, H., & Wetzel, K. (2016). *Qualitative und quantitative Forschungsmethoden* (2. aktualisierte Auflage Aufl.). Oldenburg, Deutschland: Carl von Ossietzky Universität Oldenburg - Center für lebenslanges Lernen C3L.
- Vadillo, M. A., & Matute, H. (2009). Learning in virtual environments: Some discrepancies between laboratory- and Internet-based research on associative learning, *Computers in Human Behavior.*

- Westermann, R. (2014). Experiment. In M. A. Wirtz (Hrsg.), Dorsch – Lexikon der Psychologie (18. Aufl., S. 511). Bern: Verlag Hogrefe Verlag.
- Wirtz, M. (2014). Quasi-Experiment. In M. A. Wirtz (Hrsg.), Dorsch – Lexikon der Psychologie (18. Aufl., S. 1281). Bern: Verlag Hogrefe Verlag.
- Wolf, W. (1995). Qualitative vs. Quantitative Forschung, In E. König & P. Zedler (Hrsg.). Bilanz qualitativer Forschung, Grundlagen qualitativer Forschung (Bd. 1)

Internetquellen

- Berufsverband Deutscher Psychologinnen und Psychologen (BDP) e.V. (2018, Juli). Berufsbild Psychologie – Psychologische Tätigkeitsfelder. Abgerufen 26. Mai 2020, von https://www.bdp-verband.de/binaries/content/assets/beruf/berufsbild/bdp-berufsbild2018.pdf
- BPtK. (o. J.). Reform der Ausbildung von Psychotherapeutinnen und Psychotherapeuten. Abgerufen 27. Mai 2020, von https://www.bptk.de/wp-content/uploads/2019/01/20101113_top07_anlage_ausbildungsreform_dpt17.pdf
- Dörner | Bauplan für eine Seele. (o. J.). Abgerufen 30. Mai 2020, von https://www.beck-shop.de/doerner-bauplan-seele/product/14012381
- Korrelationsforschung und korrelative Designs | Forschungsmethoden | Repetico. (o. J.). Abgerufen 25. Mai 2020, von https://www.repetico.de/card-16818362
- Methodenlehre_Experiment. (2002, Dezember 3). Abgerufen 27. Mai 2020, von http://www.uni-koeln.de/phil-fak/psych/allgemeine/downloads/einfmethoden/Methodenlehre_Experiment.pdf
- Online, F. (2005, Januar 12). Was ist der Mensch? Abgerufen 23. Mai 2020, von https://www.focus.de/familie/wissenstest/philosophie-kant/was-ist-der-mensch-anthropologie_id_1751830.html
- Osterloh, Falk. (2013, Januar). Was macht ein . . .: Psychologischer Psychotherapeut? Abgerufen 31. Mai 2020, von https://www.aerzteblatt.de/archiv/134175/Was-macht-ein-Psychologischer-Psychotherapeut
- Rey, G. D. (2012). Validität. Abgerufen 31. Mai 2020, von http://www.methoden-psychologie.de/validitaet_experiment.html

- Rubenbauer, Alex. (2013, Januar 2). Die Psychologie und ihre Teilgebiete. Abgerufen 30. Mai 2020, von https://alex-rubenbauer.de/psychologie/971/die-psychologie-und-ihre-teilgebiete/
- Swaen, B. (2018, November 26). Forschungskonzept: Intervenierende Variablen. Abgerufen 1. Juni 2020, von https://www.scribbr.de/aufbau-und-gliederung/rahmenkonzept-intervenierende-variablen/
- Untersuchungsdesigns in der Psychologie. (o. J.). Abgerufen 31. Mai 2020, von https://www.fernuni-hagen.de/KSW/bscpsy/pdf/schaukasten_03401_kaptitel7_4.pdf
- Windeler, Jürgen. (2008, Juli 7). Externe Validität. Abgerufen 30. Mai 2020, von https://www.sciencedirect.com/science/article/abs/pii/S186592170800113X